I0018579

# Optimisation du réseau GSM/GPRS basé sur le backbone IP/MPLS

Amir Lamine

# Optimisation du réseau GSM/GPRS basé sur le backbone IP/MPLS

## Dimensionnement du Backbone IP/MPLS et optimisation du réseau GSM/GPRS via un outil d'aide

**Éditions universitaires européennes**

**Impressum / Mentions légales**

Bibliografische Information der Deutschen Nationalbibliothek: Die Deutsche Nationalbibliothek verzeichnet diese Publikation in der Deutschen Nationalbibliografie; detaillierte bibliografische Daten sind im Internet über http://dnb.d-nb.de abrufbar.

Information bibliographique publiée par la Deutsche Nationalbibliothek: La Deutsche Nationalbibliothek inscrit cette publication à la Deutsche Nationalbibliografie; des données bibliographiques détaillées sont disponibles sur internet à l'adresse http://dnb.d-nb.de.

Coverbild / Photo de couverture: www.ingimage.com

Verlag / Editeur:
Éditions universitaires européennes
ist ein Imprint der / est une marque déposée de
OmniScriptum GmbH & Co. KG
Heinrich-Böcking-Str. 6-8, 66121 Saarbrücken, Deutschland / Allemagne
Email: info@editions-ue.com

Herstellung: siehe letzte Seite /
Impression: voir la dernière page
**ISBN: 978-3-8417-4655-9**

# Remerciement

*Je dédie ce travail*

À ma mère "Beyya" et mon père "Allala" en témoignage

de leurs affections, leurs sacrifices et de leurs

précieux conseils qui m'ont conduit à la réussite

en mes études

À ma sœur "Ahlem", pour son soutien tout au long de

la période de mon étude supérieur

À mon Frère "Sofienne", pour leur soutien et leur encouragement

À toi "Afef", jamais j'oublie tes encouragements

À mes collègues "Amir", "Haythem" et mes chers amis

Et À tous ceux qui m'aiment et que j'aime.

# Avant Propos

Le travail présenté dans ce rapport a été effectué au sein de la société Tunisie Télécom dans le cadre de notre projet de fin d'études pour l'obtention du Licence Appliquée en Réseaux Informatiques spécialité Administration des Réseaux et des Services à l'Institut Supérieur d'Informatique (ISI).

À son terme, nous tenons à exprimer notre profonde gratitude à notre encadreur Nourdine Melki ingénieur général à Tunisie Télécom, qui n'a épargné aucun effort pour le bon déroulement de ce travail. Ses remarques et ses consignes ont été pour nous d'un grand apport.

Nous pensons aussi à notre encadreur à l'ISI M. Adel Bedoui qui nous a aussi tant encouragé et donné de très bons conseils avisés tout au long de ce travail. Nous tenons à le remercier tout particulièrement.

Nos sincères remerciements iront aussi à tous nos enseignants à l'ISI pour la qualité de l'enseignement qu'ils nous ont prodigués durant nos trois années d'études afin de nous donner une formation efficace, à tout le personnel de l'administration de l'ISI pour nous assurer les meilleures conditions de travail, ainsi qu'aux membres de jury qui ont accepté de juger notre projet.

# Table des matières

# Liste des figures

# Acronymes

## $\mathcal{A}$
ATM        *Asynchronous Transmission Mode*
ATOM      *Any Transport over MPLS*

## $\mathcal{B}$
BG         *Border Gateway*
BS         *Billing System*
BSS       *Base Station Subsystem*
BTS       *Base Transceiver Station*
BSC       *Base Station Controler*

## $\mathcal{C}$
CE         *Customer Edge*
CGF       *Charging Gateway Function*

## $\mathcal{E}$
EGP       *Exterior Gateway Protocol*
ESR
ELSR

## $\mathcal{F}$
FEC       *Forwarding Equivalent Class*
FR         *Frame Relay*
FIB

## $\mathcal{G}$
GGSN     *Gateway GPRS Support Node*
GMSC     *Gateway Mobile Switching Center*
GPRS      *General Packet Radio Service*
GPS       *Global Positioning System*
GTP       *GPRS Tunneling Protocol*

## $\mathcal{H}$
HDLC      *High Data Link Control*
HLR       *Home Location Register*

## $I$
IDE       *Integrated Development Environment*
IGP       *Interior Gateway Protocol*
IMSI      *International Mobile Subscriber Identity*
IP         *Internet Protocol*

## $\mathcal{L}$
LAI       *Location Area Identity*

| | |
|---|---|
| *LER* | *Label Edge Router* |
| *LDP* | *Label Distribution Protocol* |
| *LSP* | *Label Switching Path* |
| *LSR* | *Label Switching Router* |
| *LIB* | *Label Information Base* |
| *LFIB* | |

## *M*

| | |
|---|---|
| *MPLS* | *Multi Protocol Label Switching* |
| *MS* | *Mobile Station* |
| *MSC* | *Mobile Switching Center* |
| *MSISDN* | *Mobile Station international ISDN* |
| *MSRN* | *Mobile Subscriber Roaming Number* |

## *N*

| | |
|---|---|
| *NSS* | *Network Sub-System* |

## *O*

| | |
|---|---|
| *OMC* | *Operating and Maintenance Center* |
| *OSPF-TE* | |

## *P*

| | |
|---|---|
| *PCU* | *Packet Control Unit* |
| *PHP* | *Penultimate Hop Popping* |
| *PPP* | *Point to Point Protocol* |
| *PE* | *Provider Edge* |
| *PCU* | *Packet Control Unit* |
| *PSTN* | *Public Switched Telephone Network* |
| *PLMN* | *Public Land Mobile Network* |

## *Q*

| | |
|---|---|
| *QoS* | *Quality of Service* |

## *R*

| | |
|---|---|
| *RNIS* | *Réseau Numérique à Intégration de Service* |
| *RSVP* | *Ressource Reservation Protocol* |
| *RIP* | *Routing Information Protocol* |

## *S*

| | |
|---|---|
| *SAP* | *Session Announcement Protocol* |
| *SLA* | *Service Level Agreement* |
| *SNMP* | *Simple Network Management Protocol* |
| *SGSN* | *Service GPRS Support Node* |

## *T*

| | |
|---|---|
| *TDP* | *Tag Distribution Protocol* |
| *TE-RSVP* | *Traffic Engineering- Ressource Reservation Protocol* |

| | |
|---|---|
| *TMSI* | *Temporary Mobile Subscriber Identity* |
| *TOS* | *Type Of Service* |
| *TTL* | *Time To Live* |

## *U*

| | |
|---|---|
| *UDP* | *User Datagram Protocol* |

## *V*

| | |
|---|---|
| *VCI* | *Virtual Channel Identifier* |
| *VoIP* | *Voice Over IP* |
| *VPI* | *Virtual Path Identifier* |
| *VPN* | *Virtual Private Network* |
| *VLR* | *Visitors Location Register* |

## *W*

# Introduction Générale

Depuis de nombreuses années, l'industrie des télécommunications cherche à orienter sa technologie de manière à aider les opérateurs à demeurer compétitifs dans un environnement caractérisé par la concurrence et l'abondance de nouveaux services sophistiqués.

Les principales mesures du développement technologique ont concerné la modernisation de l'infrastructure, l'amélioration de la couverture et de la qualité des réseaux téléphoniques fixes et mobiles des opérateurs, c'est pour cette raison on a essayé d'aborder le problème de dimensionnement des capacités des artères dans un backbone MPLS ainsi que le processus d'optimisation du réseau GSM qui est basé sur ce backbone.

Ce rapport est composé de quatre chapitres : le premier chapitre a pour fin de donner une idée globale sur la technologie MPLS, qui se base sur l'intégration des fonctions de commutation niveau 2 et les fonctions de routage niveau 3.
Le deuxième chapitre est consacré pour l'étude du réseau GSM/GPRS et sa révolution apportée au cœur du réseau de l'opérateur mobile.
Le troisième chapitre vise à expliquer les méthodes que nous avons utilisées pour l'optimisation du réseau GSM ainsi que les détails de dimensionnement de la backbone IP/MPLS du Tunisie Telecom.
Le chapitre final présente les différentes étapes du développement de l'outil d'optimisation du réseau GSM.

Ce projet a été réalisé à Tunisie Telecom bénéficiant ainsi de l'environnement nécessaire pour la réalisation de cette étude en collaboration avec l'Institut Supérieur d'Informatique de Tunis (ISI).

# Présentation de l'organisme d'accueil

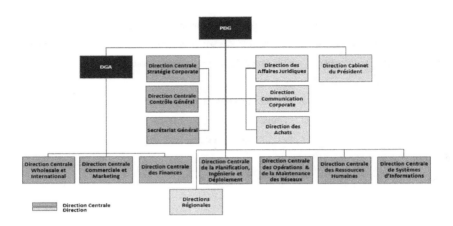

*Organigramme de Tunisie Telecom*

Tunisie Télécom est le nom commercial de l'opérateur historique de télécommunications en Tunisie, elle propose des services dans le domaine des télécommunications fixes et mobiles.

Depuis sa création, Tunisie Telecom œuvre à consolider l'infrastructure des télécoms en Tunisie, à améliorer le taux de couverture et à renforcer sa compétitivité. Elle contribue également activement à la promotion de l'usage des TIC et au développement des sociétés innovantes dans le domaine des télécoms. Elle compte dans ses rangs plus de 6 millions abonnés dans la téléphonie fixe et mobile, en Tunisie et à l'étranger. Elle joue en outre un rôle important dans l'amélioration du taux de pénétration de l'Internet en Tunisie.

Tunisie Telecom se compose de 24 directions régionales, de 80 Actels et points de vente et de plus de 13 mille points de vente privés. Elle emploie plus de 8000 agents.

Cet opérateur historique, reste le seul fournisseur de la plupart des services de base et notamment de la téléphonie mobile malgré l'existence de deux autres opérateurs qui partagent par ailleurs le marché de la téléphonie mobile Orascom Telecom (Tunisiana) et Orange Tunisie.

# Chapitre 1 :
# Etude du backbone IP/MPLS

# Etude du backbone IP/MPLS

## Introduction :

MPLS (Multi Protocol Label Switching) apporte à l'environnement IP sans connexion un certain contrôle qui était l'apanage des technologies basées sur les connexions, telles le relais de trames et ATM. Fondée sur la commutation des paquets de données en fonction d'une étiquette, ou « label », ajoutée à leur en-tête, cette technologie est flexible et versatile puisque un label peut caractériser le chemin, la source, la destination, l'application, la qualité de service, etc.

Tout d'abord, MPLS facilite l'acheminement des paquets par des routes préconfigurées, en fonction de critères comme, par exemple, le faible taux d'encombrement, la répartition de la charge sur plusieurs routes ou la nécessité de restaurer un lien en moins de 60 millisecondes en cas de panne de circuit, etc. Les systèmes intermédiaires situés au centre du réseau traitent les informations primaires contenues dans les labels beaucoup plus rapidement, puisque la décision de routage est déterminée d'avance. Les paquets circulent alors plus vite, les ressources des routeurs et des commutateurs sont moins sollicitées.

Un « label » MPLS peut être associé à un flux applicatif spécifique, ce qui permet de le distinguer des autres, contrairement au protocole IP qui, lui, ne fait pas de différence entre les applications. Le label MPLS pouvant être associé à une source et/ou une destination, la création de circuits virtuels privés partageant une infrastructure physique commune en est facilitée. Par ailleurs, la hiérarchie des labels MPLS permet de construire des VPN ne nécessitant aucune modification au plan d'adressage IP des clients, tout en coexistant avec le réseau MPLS que certains d'entre eux pourraient établir entre leurs différents sites.

# 1) Présentation de MPLS - Historique des réseaux IP :

## 1.1 Le « layered model» :

Tous les routeurs IP sont en bordure de réseau et assurent les interconnexions avec le monde extérieur et les réseaux locaux.

Les routeurs sont maillés entre eux par l'intermédiaire de circuits virtuels établis sur le réseau de commutation de niveau 2.

Le réseau de transport assure la redondance par ré-routage des circuits virtuels établis entre les routeurs en cas de perte d'un lien physique sur le réseau de télécommunication.

Le réseau de transport assure la QoS (priorité des flux « temps réel», limitation de bande passante, allocation dynamique des besoins en bande passante avec gestion des débordements).

## 1.2 Les réseaux purement IP :

Glissement vers la technologie « Packet over Sonet/SDH» car les débits ATM et FR ne sont plus suffisants, le besoin de séparation des flux par circuit avec limitation de bande passante plus justifiable en cœur de backbone, le coût induit par le réseau de transport trop important et la maintenance & provisionning compliqués.

Le réseau IP n'est plus complètement maillé car repose directement sur le réseau de télécommunication en structure de boucles Sonet/SDH interconnectées géographiquement.

Nécessité d'introduire des routeurs purement cœur de réseau en lieu et place des commutateurs pour assurer la concentration et la rediffusion des flux vers les différents routeurs de bordure.

Les routeurs de cœur de réseau, même s'ils n'accueillent pas de lien de connectivité extérieure, doivent disposer de l'information de routage exhaustive afin que l'ensemble des routes dans le réseau soit cohérent.

Maillage complet BGP dans les grands réseaux compliqué : utilisation de groupes de réflexion de routes, de confédérations de routage voire même de différents AS continentaux.

La décision de routage dépend du point d'entrée dans la table de routage (appelé FEC :

Forwarding Equivalence Class) dont le caractère principal est le préfixe de destination du paquet mais peut également être l'adresse source dans le cas d'un partage de charge déterministe par hachage sur le couple adresse source et adresse destination, le tout pouvant être indexé sur le champ ToS du paquet à router.

La décision de routage est compliquée. En « layered model», elle n'est effectuée qu'une fois par le routeur de bordure sur lequel le paquet à router s'est présenté. Le routeur de sortie du réseau est alors directement joint par l'intermédiaire d'un circuit virtuel commuté par le réseau de transport. Dans un réseau purement IP, la FEC va être réévaluée à chaque saut : les routeurs de cœur de réseau concentrant tout le trafic vont donc effectuer un travail compliqué plus souvent.

## 1.3 Création de MPLS :

Ce serait bien de pouvoir acheminer les paquets sur un chemin déterminé par le réseau sans devoir réévaluer la FEC à chaque saut.

Ceci peut être fait en établissant une connexion logique le long de laquelle les paquets seront routés en utilisant un identificateur unique par FEC.

L'identificateur de la FEC est appelé un label.

Les paquets qui se présentent en entrée du réseau sont préfixés d'un en-tête indiquant la FEC. Ce paquet n'est pas obligatoirement un paquet IP D'où la nature « Multi protocoles» de MPLS.

## 1.4 Label MPLS:

Un label a une signification locale entre 2 LSR adjacents et mappe le flux de trafic entre le LSR amont et la LSR aval. A chaque bond le long du LSP, un label est utilisé pour chercher les informations de routage (next hop, lien de sortie, encapsulation, Queuing et scheduling) et les actions à réaliser sur le label : insérer, changer ou retirer. La figure ci dessous, décrit la mise en œuvre des labels dans les différentes technologies ATM, Frame Relay, PPP, Ethernet et HDLC. Pour les réseaux Ethernet, un champ appelé shim a été introduit entre la couche 2 et la couche 3. Sur 32 bits, il a une signification d'identificateur local d'une FEC. 20 bits contiennent le label, un champ de 3 bits appelé Classe of Service (CoS) sert actuellement pour la QoS, un bit S pour indiquer s'il y a empilement de labels et un dernier champ, le TTL sur 8 bits (même signification que pour IP). L'empilement des labels permet en particulier d'associer plusieurs contrats de service à un flux au cours de sa traversé du réseau MPLS.

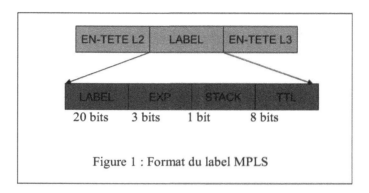

Figure 1 : Format du label MPLS

L'entête MPLS est composé par les champs suivants :

- ✓ Label (20 bits) : valeur numérique du label
- ✓ EXP (3 bits) : utilisé pour les classes Of Service
- ✓ Stack (1 bit) : permet d'empiler les labels (0=empilement, 1=dernier label)
- ✓ TTL (8 bits) : Time to live, Ce champ a le même rôle que le TTL de l'entête IP. Etant donné que l'entête IP n'est pas analyser par les LSR, la valeur du TTL est recopiée dans l'entête MPLS à l'entrée du réseau par l'Ingress LER. Ensuite, à chaque commutation par un LSR, le TTL est modifié. La valeur TTL de l'entête MPLS est ensuite recopiée dans l'entête IP à la sortie du réseau MPLS par l'Egress LER.

## 2) Concepts et principes de fonctionnement de MPLS:

### 2.1 Plan de contrôle et plan de données :

L'architecture de la technologie MPLS est constituée d'un plan de contrôle et d'un plan de données (control plane et data plane). Dans MPLS, les flux de données du plan de contrôle et du plan de données sont logiquement séparés.

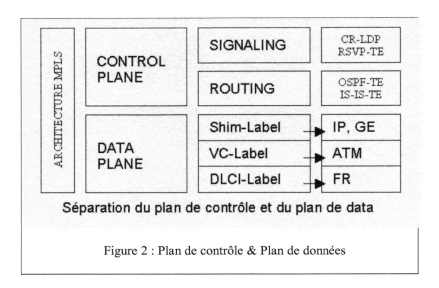

Figure 2 : Plan de contrôle & Plan de données

Le plan de contrôle est composé par l'ensemble des protocoles de signalisation et des protocoles de routage appartenant chacun au plan de signalisation et au plan de routage.

Le plan de contrôle est responsable de la construction, de la maintenance des tables d'acheminement (Forwarding Tables) et est responsable de la communication inter-nœuds (LSR) afin de disséminer les informations concernant le routage.

Les protocoles de signalisation utilisés sont CR-LDP ou RSVP-TE si l'on prend en considération les problèmes de Traffic Engineering.

Les protocoles de routage sont quant à eux OSPF-TE ou IS-IS-TE.

Le plan de data est responsable de transporter les paquets commutés à travers le réseau en se basant sur les " Forwarding Tables ". Il correspond à l'acheminement des données en accolant un " Shim header " aux paquets arrivant dans le domaine MPLS.

---

## 2.2 Principe de commutation de labels :

### 2.2.1 Forwarding Equivalent Class (FEC):

Les paquets IP entrant sur le réseau MPLS sont associés à une FEC :    Forwarding
Equivalent Class.


Une FEC va définir comment sera acheminé à travers tous le réseau    MPLS.   En
IP, la classification d'un paquet dans une FEC est faite sur      chaque  routeur,  à
partir de l'IP destination. En MPLS, le choix d'une FEC   peut     être    fait   selon
plusieurs paramètres (adresse IP source, destination et      paramètre de QoS (débit,
délai).

Les paramètres intervenant dans la classification d'un paquet dans une    FEC
dépendent du protocole de distribution de label utilisé : LDP ou RSVP-  TE. En effet
seul RSVP-TE, que nous détaillerons plus tard, permet de classifier  un  paquet  dans
une     FEC     selon     des     paramètres     de     QoS.
Pour classifier un paquet dans une FEC, MPLS s'appuie sur le protocole de   routage
mis en œuvre sur le réseau IP. Par exemple, le protocole LDP     associe une FEC par
préfixe réseau présent dans la table de routage du   routeur. De plus, une FEC peut se
voir attribuer plusieurs "Class of   service", afin de permettre différentes « discard
politics » ou « scheduling    politics »   (champ   CoS   de   l'entête   MPLS).
Ainsi, chaque FEC se voit associer un label de sortie. Le routeur saura    donc    quel
label il doit attribuer aux paquets IP correspondant à telle ou      telle FEC.


### 2.2.2 Bindings et LFIB :

Les correspondances FEC / Label (appelés Bindings en terminologie MPLS) sont
distribuées de routeurs en routeurs le long du chemin déterminé par l'IGP de chacun
d'eux vers le routeur de sortie.

Un protocole spécifique sur le routeur MPLS a pour charge d'échanger les Bindings
avec les routeurs voisins.

Chaque routeur crée une table des labels (la LFIB : « Label Forwarding Information Base ») à partir des bindings reçus par tout ses voisins MPLS et de la RIB générée par l'IGP.

L'IGP sert au routeur MPLS à déterminer la meilleure route vers le routeur de sortie et donc à sélectionner le meilleur binding pour chaque FEC : l'IGP reste ainsi seul maître du choix de la route. Deux routeurs ne peuvent s'échanger des bindings s'ils ne se connaissent pas via l'IGP.

Une fois la LFIB générée, elle est transformée en FIB et uploadée dans les ASIC de commutation des cartes d'interface des routeurs. Auparavant, c'était la RIB qui était directement convertie en FIB.

### 2.2.3 Terminologie :

Un routeur assurant une fonction de commutation de labels en cœur de réseau est appelé LSR (« Label Switch Router») ou « Routeur P»
(« Provider»).

Un routeur assurant une fonction de bordure entre les réseaux non MPLS et le cœur de réseau MPLS est appelé ESR (« Edge Switch Router»), ELSR (« Edge LSR») ou routeur PE (« Provider Edge »).

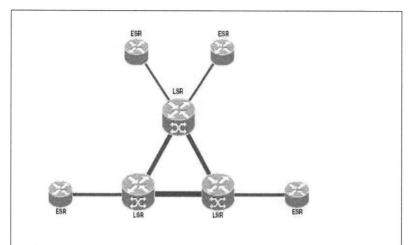

Figure 3 : Différents types des routeurs dans un domaine MPLS

### 2.2.4 Distribution des labels :

Un protocole de distribution des labels est un ensemble de procédures par lesquelles un LSR en informe un autre des affectations label/FEC qu'il a faites. On dit que deux LSR sont en " label distribution peers " lorsqu'ils utilisent un protocole de distribution de label pour échanger leurs affectations label/FEC.

L'architecture MPLS ne préconise pas l'utilisation d'un " Label Distribution Protocol " en particulier. En fait, plusieurs protocoles ont été standardisés :

Protocoles existants et étendus afin de supporter la distribution de labels :

RSVP, RSVP-TE, BGP

Nouveaux protocoles définis dans le but de " distribuer les labels ":

LDP a été mis en place pour MPLS exclusivement dans le but de distribuer les labels entre les différents LSR CR-LDP.

Chaque routeur MPLS associe un label choisi localement avec une FEC et annonce ce binding à ses voisins : c'est la distribution des labels.

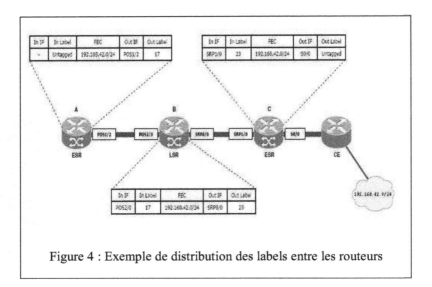

Figure 4 : Exemple de distribution des labels entre les routeurs

Le routeur C (Routeur PE de sortie) connaît une route via le routeur D (Routeur « Customer Edge ») pour le réseau **192.168.42.0/24** sur une interface non MPLS.

Cette route est distribuée normalement dans l'IGP.

Le routeur C associe un label avec cette FEC : 23.

C distribue à B sur l'interface SRP1/0 ce binding.

B installe ce label dans la table des Bindings puis inspecte le SPF choisi par l'IGP pour déterminer quel binding utiliser pour insérer la FEC dans la LFIB. En l'occurrence, l'IGP désigne le routeur C comme next hop préféré donc B choisi le label 23 sur l'interface SRP8/0 pour acheminer tout paquet dans cette FEC.

B associe son propre label avec cette FEC : 17.

B distribue à A sur l'interface POS2/0 ce binding.

A procède à l'installation du binding dans la LFIB après avoir déterminé avec l'IGP que B est la meilleure route.

### 2.2.5 Acheminement du paquet :

Un paquet IP avec comme destination la FEC **192.168.42.0/24** se présente en entrée du réseau sur le routeur PE « A ».

« A » procède à l'évaluation de la destination du paquet IP. La FIB générée à partir de la RIB et de la LFIB lui indique de procéder à l'imposition d'un label associé avec la FEC puis d'expédier le paquet IP labellisé sur l'interface POS1/2.

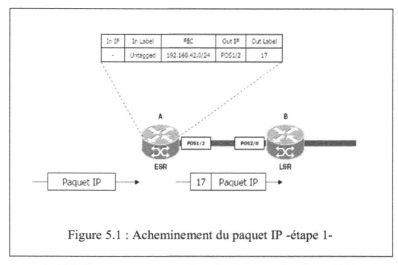

Figure 5.1 : Acheminement du paquet IP -étape 1-

Le paquet ainsi labellisé se présente en entrée sur le LSR « B », interface POS2/0. « B » n'évalue pas la FEC mais commute immédiatement le paquet vers l'interface de sortie avec le label correspondant au binding du routeur de down stream pour la FEC égale à celle désignée par le label 17 local.

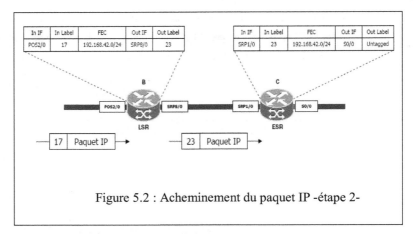

Figure 5.2 : Acheminement du paquet IP -étape 2-

Le routeur PE de sortie « C » dépose le label et envoie le paquet IP sur l'interface de sortie.

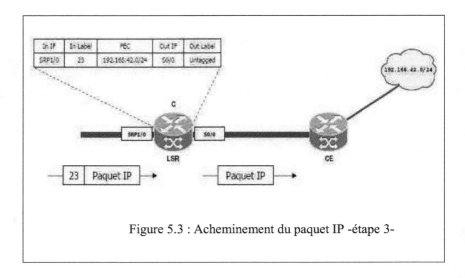

Figure 5.3 : Acheminement du paquet IP -étape 3-

### 2.2.6 Penultimate Hop Popping :

Le PE de sortie pour une FEC n'a pas besoin d'un label pour déterminer l'interface de sortie.

Ce routeur distribue donc un label nul pour cette FEC à ses voisins upstream pour leur demander de recevoir les paquets pour cette FEC sans label.

Les upstream déposent (« poppent ») le label avant de le transmettre au PE de sortie.

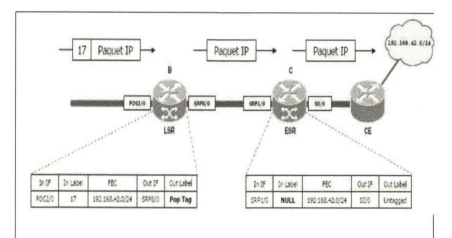

Figure 6 : Distribution du label basée sur le technique PHP

## 2.2.7 Label Switched Path :

Le trafic en entrée sur un routeur PE à destination d'un routeur PE de sortie pour n FEC est acheminé via un chemin constitué de routeurs P.

Cette succession de routeurs est un Label Switched Path dont la route peut être dérivé du SPF constitué par l'IGP ou forcée par l'administrateur.

Chaque LSP est associé avec un certain nombre d'attributs, notamment la bande passante désirée de bout en bout.

Un LSP est unidirectionnel : pour une communication duplex entre deux PE, il y a donc deux LSP d'établis dont les routes ne sont pas obligatoirement symétriques.

Les LSR peuvent ne pas disposer de binding pour la FEC de destination du paquet IP original, il leur suffit d'avoir un binding vers le routeur PE de sortie.

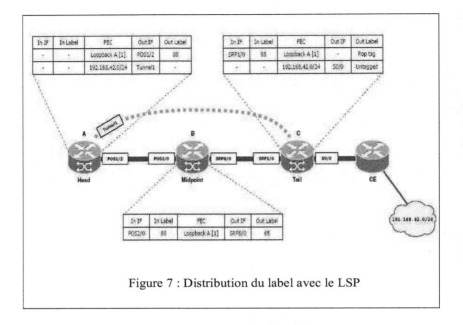

Figure 7 : Distribution du label avec le LSP

# 3) Fonctionnalités apportées par MPLS :

## 3.1 Décision de routage unique :

Lorsqu'un paquet se présente en entrée du réseau sur une interface externe d'un routeur PE, ce dernier évalue la FEC correspondant à l'adresse de destination du paquet et impose le label correspondant au binding distribué par le routeur de downstream choisi par l'IGP.

Dans le cas d'un paquet à destination d'un préfixe BGP appris par une session eBGP sur un autre PE, la FEC choisie est le next-hop BGP. Ainsi les routeurs P intermédiaires n'ont pas besoin de connaître un binding pour chaque préfixe de la table de routage complète, mais juste des bindings correspondant aux routeurs PE du réseau.

La conséquence est que les routeurs P peuvent ne pas disposer du full-routing et que leurs performances en sont largement améliorées, la FEC n'étant pas réévaluée à chaque saut.

Le meshing BGP des grands réseaux est simplifié puisque seuls les routeurs de bordure ont des sessions iBGP.

On retrouve le fonctionnement du « layered model », mais les commutateurs ATM/FR sont remplacés par des routeurs P et les circuits virtuels par des LSP.

## 3.2 MPLS VPN: VPN Routing/Forwarding:

Les VRF sont des tables de routage qui sont dissociées les unes des autres.

Une interface physique ou une interface logique (ex: une sous-interface dans un VLAN) non MPLS sur un PE peut être placée dans une VRF.

Les adresses de destination des paquets entrant sur cette interface seront évaluées uniquement avec les routes de la VRF associée à cette interface.

Les routes d'une VRF sont identifiées par des « route distinguisher» qui ont le format des communautés BGP.

Il est possible d'importer dans ou d'exporter vers une VRF les routes d'autres VRF, rendant possible à certains sites de voir d'autres sites qui peuvent par contre ne pas se voir entre eux.

Les routeurs PE distribuent les routes des VRF entre eux via des sessions MBGP avec des NRLI « vpnv4».

Pour chaque préfixe distribué en BGP dans une VRF entre deux PE, un label est associé par le routeur qui annonce ce préfixe.

Lorsque le PE reçoit sur une interface dans une VRF un paquet IP à destination d'un préfixe annoncé par un autre PE, il impose le label fourni par le PE de sortie en bas de la stack. Ensuite le PE impose en haut de la stack le label distribué par le routeur P de downstream correspondant à la FEC du next-hop BGP du routeur PE de sortie.

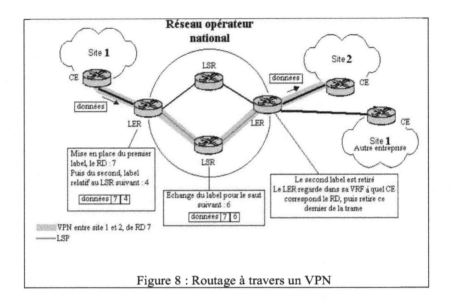

Figure 8 : Routage à travers un VPN

## 3.3 AToM: Any Transport over MPLS:

La nature multi protocolaire de MPLS permet de transporter d'autres charges utiles que des paquets IP.

Virtuellement, n'importe quel type de paquets, cellules, trames peuvent être directement labellisées par un PE en entrée avec un binding distribué par un PE de sortie qui va déposer le label et la retransmettre sans altération sur une interface de sortie.

La charge utile est transportée dans un circuit virtuel monté entre les deux PE via une Adjacence de Distribution de Label qui peut être multi-hop. LDP permet cela via les « targetted hello ».

Les deux PE négocient les bindings et se transmettent les charges utiles avec en bas de la stack le label identifiant le VC et en haut de la stack le label identifiant leurs next-hops respectifs.

AToM permet de créer des VPN de niveau 2.

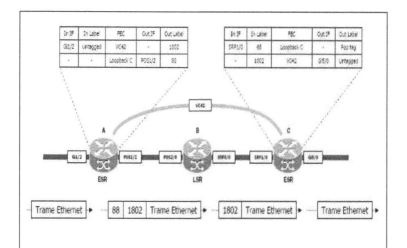

Figure 9 : transport des charges utiles à travers un circuit virtuel

## 3.4 Traffic Engineering :

Un LSP est accompagné de plusieurs attributs, notamment son besoin en bande passante et sa priorité.

L'IGP transporte entre ses adjacences des informations telle que la capacité d'un lien.

Ainsi, lorsqu'un routeur PE de tête de LSP détermine le chemin que va prendre le LSP pour se terminer sur le routeur PE de queue, il sait quelle est la bande passante disponible hop par hop pour la priorité du LSP.

Si le chemin le plus court ne dispose pas d'assez de bande passante, un chemin moins court peut être sélectionné.

L'algorithme de l'IGP est modifié pour permettre à un PE de queue d'annoncer au PE de tête des préfixes à router via le LSP (résolution du problème récursif : adresse de destination d'un tunnel annoncée dans le tunnel conduisant à sa chute pour raison de boucle). C'est le « enhanced SPF».

Si la communication entre tous les PE passe via des LSP signalisés avec des besoins en bande passante et des niveaux de priorité, le backbone sait calculer la charge de chacun des liens.

Si dans le chemin le plus court il n'y a pas la bande passante nécessaire, un autre chemin sera choisi conduisant à une utilisation optimale des ressources du réseau.

Le traffic engineering permet de retarder les upgrades de capacité, de délester les administrateurs de la charge de positionner les métriques IGP pour déplacer du trafic vers des liens plus disponibles à la main.

Il existe sur certain routeurs des fonctionnalités d'adaptation de la demande de bande passante pour un LSP en fonction du pic de trafic mesuré sur une période de temps.

Le fait que les LSP soit unidirectionnels permet également de router sur des liens chargés dans un sens mais pas dans l'autre le LSP « aller» et de router par ailleurs le LSP « retour».

## 3.5 Qualité de service (QoS) :

Tout comme le Traffic Engineering, la qualité de service est un élément crucial pour un réseau d'opérateur. En effet il doit pouvoir garantir à ses clients un transport de leurs flux en garantissant différentes contraintes, comme par exemple :

- Débit minimal garanti
- Débit maximal
- Latence
- Gigue

Dans un réseau MPLS, le respect de ces contraintes lors des décisions de routage est fait grâce à la présence d'un protocole de routage implémentant l'algorithme CSPF (ISIS-TE ou OSPF-TE par exemple). Enfin, la réservation de bande passante éventuelle qui doit être faites sur les routeurs est très souvent faites grâce au protocole RSVP-TE.

## 4) Backbone IP/MPLS :

## 4.1 Présentation du Backbone IP/MPLS :

Dans un backbone MPLS, les paquets IP ne sont pas routés suivant l'adresse de destination (contrairement au protocole IP) mais les trames MPLS sont commutées suivant leur label MPLS.

Le protocole MPLS a été conçu initialement, pour améliorer les performances du backbone.

Le protocole de routage interne au backbone est actif sur les PE et P du backbone IP partagé. Il permet d'abord d'»assurer la connectivité IP entre les P et les PE du backbone puis l'établissement de session TDP (Tag Distribution Protocol) issu de routeur ou LDP (Label Distribution Protocol) entre les différents composants du backbone . Par échange de labels MPLS, le protocole TDP ou LDP affecte un label MPLS à chaque tronçon de chaque meilleure route du backbone (au sens routage) et construit une table de commutation de labels MPLS propre à chaque routeur du backbone. Une fois les tables de commutation sont à jour, le backbone n'utilise pas les tables de routage pour le trafic IP.

## Remarque :

Pour les PE, cette table de commutation contient, outre le label MPLS, les informations relatives aux réseaux IP annoncés par les CE. Ces informations sont obtenus grâces au protocole MP-iBGP : CE distants, PE de rattachement de CE, label local.

Lorsque le PE d'entrée reçoit un paquet IP entrant en provenance d'une CE, le PE identifie le VRF associé à l'interface d'entrée. Si le PE ne trouve pas le destinataire dans le VRF, il le rejette le paquet IP entrant car le destinataire ne fait pas partie du même VPN que le réseau IP origine.

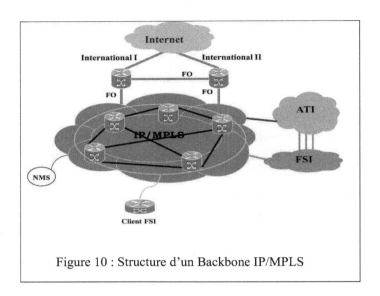

Figure 10 : Structure d'un Backbone IP/MPLS

## 4.2 Backbone IP/MPLS de Tunisie Telecom :

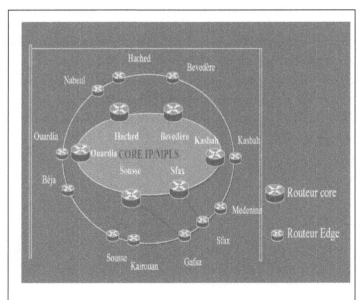

Figure -11- : Structure du Backbone IP/MPLS de Tunisie Telecom

# Conclusion :

Le MPLS permet donc une meilleure gestion du trafic sur le réseau en se basant sur des mécanismes de classification du trafic et de commutation de label.

La nécessité d'optimiser les performances, les ressources ainsi que les flux sur un réseau opérationnel a fait apparaître la notion de TE : « Trafic Engineering ». Sur les réseaux MPLS, l'utilisation du protocole RSVP-TE permet de répondre à ces besoins.

Grâce a ses fonctionnalités avancées de gestion, d'optimisation et de routage du trafic, associées à la détection d'erreurs, le protocole RSVP-TE apporte une complémentarité essentielle sur un réseau MPLS avec : La Qualité de Service (QoS) et le Traffic Engineering.

# Chapitre 2 : Etude du Réseau GSM/GPRS de Tunisie Telecom

# *Etude du Réseau GSM/GPRS de Tunisie Telecom*

## Introduction :

Le GPRS (General Packet Radio Service) ne constitue pas à lui tout seul un réseau mobile à part entière, mais une couche supplémentaire rajoutée à un réseau GSM existant. Il peut donc être installé sans aucune licence supplémentaire. Ceci signifie que tous les opérateurs qui disposent d'une licence GSM peuvent faire évoluer leur réseau vers le GPRS. L'ART n'a d'ailleurs pas fait d'appel d'offre pour le GPRS alors qu'elle en a fait pour l'UMTS.

Le GPRS, appelé aussi GSM 2+, repose sur la transmission en mode paquet. Ce principe déjà, retenu par exemple pour le protocole X.25, permet d'affecter à d'autres communications les "temps morts" d'une première communication (attente d'une réponse à une requête Internet par exemple).

Conçu pour réutiliser au maximum les infrastructures GSM existantes, le déploiement du GPRS nécessite la mise en place d'une infrastructure réseau basée sur la commutation de paquets et l'introduction de passerelles pour s'adosser aux réseaux GSM existants.

## 1) GPRS : Architecture et fonctionnement :

### 1.1  Architecture GPRS : Entités et Interfaces :

---

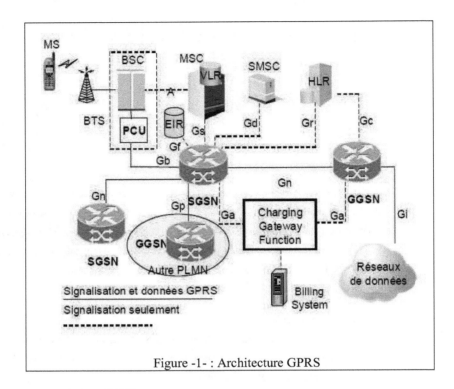

Figure -1- : Architecture GPRS

## 1.1.1 SGSN :

L'entité SGSN (Service GPRS Support Node) se charge dans son aire de service des transmissions de données entre les stations mobiles et le réseau mobile. Le SGSN est relié par des liens Frame Relay au sous-système radio GSM.

Le SGSN est connecté à plusieurs BSC et présent dans le site d'un MSC.

Le SGSN :

• Authentifie les stations mobiles GPRS

• Prend en charge l'enregistrement des stations mobile au réseau GPRS (attachement)

• Prend en charge la gestion de la mobilité des stations mobiles. En effet, une station mobile doit mettre à jour sa localisation à chaque changement de zone de routage.

• Etablit, maintient et libère les contextes PDP, qui correspondent à des sessions de données permettant à la station mobile d'émettre et de recevoir des données.

• Relaie les paquets de données de la station mobile au réseau externe ou du réseau à la station mobile

• Collecte les données de taxation de l'interface air

• S'interface à d'autres nœuds (HLR, MSC, BSC, SMSC, GGSN, Charging Gateway).

## 1.1.2 GGSN :

L'entité GGSN (Gateway GPRS Support Node) joue le rôle d'interface à des réseaux de données externes (e.g. X.25, IP). Elle décapsule des paquets GPRS provenant du SGSN les paquets de données émis par le mobile et les envoie au réseau externe correspondant.

Egalement, le GGSN permet d'acheminer les paquets provenant des réseaux de données externes vers le SGSN du mobile destinataire. Le GGSN est généralement présent dans le site d'un MSC. Il existe un GGSN ou un nombre faible de GGSN par opérateur.

Le GGSN :

• Joue le rôle d'interface aux réseaux externes de type IP ou X.25 même si en pratique seule l'interface vers des réseaux IP est mise en œuvre.

• Ressemble à un routeur. D'ailleurs dans de nombreuses implantations, il s'agit d'un routeur IP avec des fonctionnalités supplémentaires.

• Relaie les paquets aux stations mobiles à travers un SGSN; Il faut noter que les paquets ne sont pas délivrés à la station mobile si cette dernière n'a pas activé un contexte PDP.

• Route les paquets émis par la station mobile à la destination appropriée.

• Filtre le trafic usager.

• Collecte les données de taxation associées à l'usage des ressources entre SGSN et GGSN.

• S'interface à d'autres nœuds (SGSN, HLR, Charging Gateway).

Les termes SGSN et GGSN identifient des entités fonctionnelles qui peuvent être implantées dans un même équipement ou dans des équipements distincts (comme pour les entités fonctionnelles MSC et GMSC).

### 1.1.3 PCU :

Pour déployer le GPRS dans les réseaux d'accès, on réutilise les infrastructures et les systèmes existants. Il faut leur rajouter une entité responsable du partage des ressources et de la retransmission des données erronées, l'unité de contrôle de paquets (PCU, Packet Control Unit) par une mise à jour matérielle et logicielle dans les BSCs.

## 1.1.4 Backbones GPRS :

L'ensemble des entités SGSN, GGSN, des routeurs IP éventuels reliant les SGSN et GGSN et les liaisons entre équipements est appelé réseau fédérateur GPRS (GPRS backbone).

On peut distinguer deux types de backbones GPRS :

• Backbone intra-PLMN : il s'agit d'un réseau IP appartenant à l'opérateur de réseau GPRS permettant de relier les GSNs de ce réseau GPRS.

• Backbone inter-PLMN : Il s'agit d'un réseau qui connecte les GSNs de différents opérateurs de réseau GPRS. Il est mis en œuvre s'il existe un accord de roaming entre deux opérateurs de réseau GPRS.

Deux backbones Intra-PLMN peuvent être connectés en utilisant des Border Gateways (BGs). Les fonctions du BG ne sont pas spécifiées par les recommandations GPRS. Au minimum, il doit mettre en œuvre des procédures de sécurité afin de protéger le réseau intra-PLMN contre des attaques extérieures. La fonctionnalité de sécurité est déterminée sur la base d'accords de roaming entre les deux opérateurs.

## 1.1.5 CGF :

La passerelle de taxation (CGF, Charging Gateway Function) permet le transfert des informations de taxation du SGSN et du GGSN au système de facturation (BS, Billing System). L'entité CGF peut être implantée de façon centralisée ou de manière distribuée en étant intégrée aux nœuds SGSN et GGSN. L'interface entre les GSNs et l'entité CGF est supportée par le protocole GTP'.

## 1.1.6 MS :

Une station mobile GPRS (MS, Mobile Station) peut fonctionner dans l'une des classes suivantes :

Classe A : Un mobile GPRS classe A peut se rattacher simultanément aux réseaux GSM (IMSI-Attach) et GPRS (GPRS-Attach). L'usager mobile peut alors disposer simultanément d'un service GPRS et d'une communication téléphonique. Le service GPRS est pris en charge par le SGSN alors que la communication téléphonique est supportée par le MSC. Un mobile classe A GPRS doit disposer au minimum de deux ITs dans le sens montant et de deux ITs dans le sens descendant. Des ITs supplémentaires peuvent lui être alloués pour le trafic GPRS afin d'améliorer la vitesse de transfert.

Classe B : Un mobile GPRS classe B peut s'enregistrer auprès d'un MSC/VLR et d'un SGSN simultanément afin de pouvoir disposer des services GSM et GPRS. Il dispose d'un mode de veille double qui scrute les appels classiques et les demandes de service GPRS mais qui ne peut activer qu'un seul type de service. Si l'usager est actif dans une session GPRS et qu'il reçoit un appel téléphonique entrant, il peut soit continuer sa session auquel cas l'appel téléphonique est redirigé vers sa boite vocale, soit accepter l'appel téléphonique et dans ce cas, la session GPRS est suspendue; elle sera reprise à la fin de l'appel téléphonique. Un mobile GPRS classe B requiert au minimum un IT dans le sens montant et un IT dans le sens descendant. Des ITs supplémentaires peuvent lui être alloués pour le trafic GPRS afin d'améliorer la vitesse de transfert.

Classe C : L'usager doit positionner son mobile soit en mode GSM, soit en mode GPRS. En mode GSM, il a accès à toutes les fonctionnalités d'un terminal GSM ordinaire. En mode GPRS, il peut initier des sessions de données.

Un mobile GPRS classe C a deux comportements possibles :

- Mobile GPRS Classe CC : Il s'enregistre au réseau GSM et se comporte comme un mobile GSM ne pouvant ainsi accéder qu'aux services de commutation de circuit.

- Mobile GPRS Classe CG : Il s'enregistre au réseau GPRS permettant l'accès au service GPRS uniquement.

Un mobile GPRS classe C requiert au minimum un IT dans le sens montant et un IT dans le sens descendant. Des ITs supplémentaires peuvent être alloués au mobile GPRS classe CG pour le trafic GPRS afin d'améliorer la vitesse de transfert.

## 1.1.7 Interfaces GPRS :

La norme GPRS définit un certain nombre d'interfaces pour assurer le fonctionnement entre SGSN et GGSN et l'interfonctionnement avec les entités GSM :

• **Gb** : L'interface Gs connecte le SGSN et le BSS (Base Station Subsystem). Il s'agit d'un service de transport Frame Relay sur lequel s'appuient les protocoles de signalisation radio GPRS.

• **Gr** : L'interface Gr est une interface MAP / SS7 entre le SGSN et le HLR. Elle est utilisée lorsque le SGSN contacte le HLR afin d'obtenir des données de souscription d'usagers GPRS.

• **Gd** : L'interface Gd est une interface MAP / SS7 entre le SGSN et le SMSC afin d'assurer la livraison de SMS d'un usager GPRS.

• **Gs** : L'interface Gs est une interface BSSAP+ / SS7 entre le SGSN et le MSC/VLR permettant l'attachement ou la mise à jour de localisation combinée GSM et GPRS.

• **Gf** : L'interface Gf existe entre le SGSN et l'EIR. Elle permet de vérifie l'authenticité de l'équipement mobile auprès de l'EIR. Elle est supportée par le protocole MAP/SS7.

• **Gn** : L'Interface Gn est l'interface de base dans le backbone GPRS et est utilisée entre les GSNs. Le protocole utilisé sur cette interface est GTP (GPRS Tunneling Protocol) qui s'appuie sur un transport TCP/IP ou UDP/IP. Il s'agit d'un protocole de contrôle (pour l'établissement, le maintien et la libération de tunnels entre GSNs), et de transfert des

données d'usager.

• **Gc** : L'interface Gc est une interface MAP / SS7 entre le GGSN et le HLR dans le cas d'une activation d'un contexte PDP initié par le GGSN. Le GGSN utilise cette interface pour interroger le HLR et identifier ainsi l'adresse IP du SGSN auquel est rattachée la station mobile.

• **Gp** : L'interface Gp connecte un GSN à d'autres GSNs de différents PLMNs. Elle sert notamment pour le transfert des données concernant un usager GPRS en roaming international. Le protocole utilisé sur cette interface est le protocole GTP.

• **Gi** : L'interface Gi connecte le PLMN avec des réseaux de données externes. Dans les standards GPRS, les interfaces aux réseaux IP (Ipv4 et Ipv6) et X.25 sont supportées. En pratique, il s'agit principalement d'une interface vers des réseaux externes IP.

• **Ga** : L'interface Ga connecte un SGSN ou un GGSN à une entité CGF. Elle sert pour le transfert de tickets de taxation des nœuds GSN à l'entité CGF. Le protocole utilisé sur cette interface est GTP en utilisant un transport TCP/IP ou UDP/IP.

## 1.2    Principe de fonctionnement de l'itinérance GPRS :

L'itinérance sur GPRS nécessite de mettre en place des architectures beaucoup plus élaborées que celles liées à l'itinérance GSM. En effet, dans le premier cas, deux acteurs sont à mettre en relation (à savoir les deux opérateurs mobiles qui signent pour ce faire des accords mutuels d'itinérance).

Or, comme le GPRS ouvre la porte sur une démultiplication des services, il y a donc une démultiplication des acteurs. Aussi, les opérateurs mobiles ont-ils dû mettre en place de nouveaux processus de raccordements et d'utilisations de leurs éléments de réseau pour que l'abonné itinérant sur le réseau visité puisse bénéficier de l'ensemble des applications et de toutes ses configurations comme s'il était dans son pays sur son réseau domestique.

Pour permettre cette complète transparence dans les applications (caractéristique essentielle pour une utilisation transparente de ces services par l'abonné), la structuration technique est la suivante :

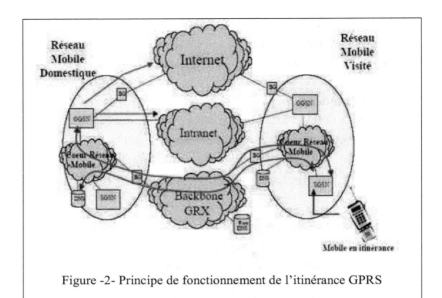

Figure -2- Principe de fonctionnement de l'itinérance GPRS

## 2) Avantages du réseau GPRS :

Parmi les avantages de GPRS comparé au GSM pour les services de données, ils figurent :

**Des débits élevés** : Les débits proposés par GPRS sont supérieurs au débit de 9,6 kbit/s offert par GSM pour le transfert de données: Ceci est possible en configurant l'équipement mobile afin d'utiliser plusieurs ITs (Intervalles de temps) dans les sens montants et descendants. En pratique, un équipement GPRS peut généralement utiliser 4 ITs dans le sens descendant et 2 ITs dans le sens montant. Les débits obtenus sont alors de 50 kbit/s et 20 Kbits/s respectivement.

**Une connexion permanente** : Outre une augmentation du débit, le temps d'établissement de session GPRS et l'accès au service est plus court qu'avec GSM.

Une session est établie pour transférer et recevoir des données, Si l'usager dispose d'une adresse IP statique, il est aussi possible de notifier la station mobile de l'arrivée de paquets (Push) afin qu'elle puisse ouvrir une session GPRS et recevoir les données. Alors que le GSM actuel fonctionne en mode "connecté", appelé également mode "circuit", le GPRS utilise pour sa part le mode de connexion virtuel. En mode "virtuel", les ressources sont partagées. L'IT n'est jamais affecté à un utilisateur unique, mais partagé entre un certain nombre d'utilisateurs. Chaque utilisateur en dispose lorsqu'il en a besoin et uniquement dans ce cas. Le reste du temps, elles sont disponibles.

**Une facturation au volume ou au contenu** : GPRS permet de facturer les services en fonction du volume (nombre de paquets échangés) ou en fonction du contenu (e.g., par image envoyée), à la différence de la politique de facturation à la durée pour le transfert de données en mode circuit. Cela permet de disposer d'une session de données "permanente" sans que l'usager ait à payer pour les périodes d'inactivité et sans allocation de ressource de manière statique.

**Un support pour de nouveaux services** : Parmi les applications envisageables grâce au réseau GPRS, figurent :

- La navigation sur Internet à partir d'un portable ou d'un PDA.
- L'envoi et la réception de photos ou cartes postales.
- L'envoi et la réception de séquences vidéo telles que des bandes annonce.
- L'usage des groupes de discussions (chat).
- L'accès au réseau Intranet de son entreprise.
- Le partage des données.
- La télémétrie.

Ces applications n'étant pas exhaustives, de nombreuses nouvelles applications vont apparaître sur le marché au fur est à mesure que le taux de transfert augmentera.

**Une intégrité du transfert des données** : GPRS améliore l'intégrité du transfert de données à travers plusieurs mécanismes. D'abord, les données de l'usager sont encodées avec des redondances afin d'améliorer la résistance aux mauvaises conditions radio. Cette redondance est plus ou moins importante en fonction de la qualité de l'interface radio. GPRS définit quatre scénarii de codage, CS1 à CS4. Initialement, seuls CS-1 et CS-2 seront supportés, permettant un débit de 9 et 14 kbit/s par IT. Si une erreur est détectée sur une trame reçue dans la BSS, la trame est retransmise jusqu'à ce qu'elle soit reçue sans erreur pour être transférée sur le sous-système réseau GPRS.

**Des mécanismes de sécurité sophistiqués** : GPRS s'appuie sur le modèle d'authentification et de chiffrement proposé par GSM. Lorsqu'une station mobile tente d'initier une session GPRS, elle est authentifiée grâce à des clés d'authentification et des calculs réalisés par la carte SIM et l'AuC. Outre l'authentification GPRS, une seconde authentification peut être mise en œuvre pour l'accès à Internet ou à un réseau de données d'entreprise en utilisant le protocole RADIUS (Remote Authentication Dial In User Service).

GPRS assure par ailleurs le chiffrement des données de l'usager entre la station mobile et le sous-système réseau GPRS alors que dans le réseau GSM, le chiffrement est assuré entre la station mobile et l'entité BTS.

**Un passage obligé pour la migration vers l'UMTS** : Les nœuds GPRS seront réutilisés pour la migration vers l'UMTS.

## 3) Architecture du réseau GSM :

Un réseau de radiotéléphonie a pour premier rôle de permettre des communications entre abonnés mobiles et abonnés du réseau téléphonique commuté RTC. Il s'interface avec le RTC et comprend des commutateurs. Il est caractérisé par un accès très spécifique: la liaison radio. Enfin, comme tout réseau, il doit offrir à l'opérateur des facilités d'exploitation et de maintenance.

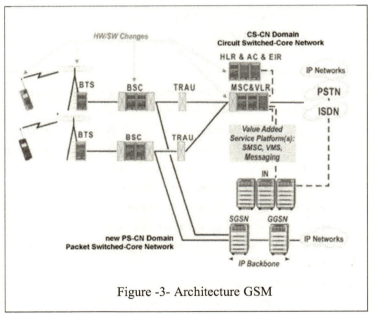

Figure -3- Architecture GSM

L'architecture de base du système GSM prévoit, alors, quatre sous-systèmes principaux dont chacun dispose d'un certain nombre d'unités fonctionnelles et est connecté à l'autre à travers des interfaces standard qui seront décrites ultérieurement. Les principaux sous-systèmes du réseau GSM sont :

* MS (Mobile Station)
* BSS (Base Station Sub-System)
* NSS (Network Sub-System)
* OSS (Network Management Center)

## 3.1 Les entités de base d'un réseau GSM :

### 3.1.1 La BTS (Base station Transceiver System) :

La station de base (BTS) contient tous les émetteurs reliés à la cellule et dont la fonction est de recevoir et émettre des informations sur le canal radio en proposant une interface physique entre le Mobile Station et le BSC. La BTS réalise une série de fonctions décrites ci-après:

- o La capacité de gérer les canaux Full Rate et Half Rate,
- o La gestion des antennes de diversité, autrement dit l'utilisation de deux antennes de réception afin d'améliorer la qualité du signal reçu. Les deux antennes reçoivent le même signal, indépendamment l'une de l'autre et sont atteintes différemment par le fading. La probabilité qu'elles soient atteintes en même temps par un fading important est presque nulle,
- o La supervision de Rapport des Ondes Stationnaire (ROS) en antenne,
- o Le saut de fréquence (FH): la variation de fréquence utilisée dans un canal radio à des intervalles réguliers, afin d'améliorer la qualité du service à travers la diversité dans la fréquence,
- o La transmission discontinue (DTX) sur le Up-link, et sur le Down-link,
- o Le Contrôle Dynamique de la Puissance (DPC) de la MS et des BTS:

le BSC détermine la puissance optimale avec laquelle la MS et le BTS effectuent la transmission sur le canal radio (grâce à l'exploitation des relevés effectués par la MS et le BTS), dans le but d'améliorer l'efficacité du spectre, o La gestion des algorithmes de chiffrage: l'information de l'utilisateur est cryptographiée afin de garantir à l'abonné une certaine réserve sur le canal du trafic et sur celui de codage.

### 3.1.2 Le BSC (Base Station Controller) :

Le moment d'effectuer le handover, autrement dit, le changement de cellule Le contrôleur de station de base (BSC) gère les ressources radio pour une ou plusieurs BTS, à travers le monitorage de la connexion entre la BTS et les MSCs (il s'agit de centrales de commutation qui offrent la liaison au réseau fixe ou à d'autres réseaux, et aussi, à travers les canaux radio, le codage, le FH et les handovers. Il permet plus précisément:

✓ La gestion et la configuration du canal radio: il doit opter pour chaque appel la cellule la mieux adaptée et doit sélectionner à l'intérieur de celle-ci le canal radio le plus adapté à la mise en route de la communication,

✓ La gestion de handover: Il décide, sur la base des relevés reçus par la BTS, lors des déplacements de l'utilisateur pendant une conversation, à l'intérieur de la surface de couverture de sa compétence,

✓ Les fonctions de décodage des canaux radio Full Rate (16 kbps) ou Half Rate (8 kbps) pour des canaux à 64 kbps.

### 3.1.3 Le MSC (Mobile Switching Center) :

Le commutateur du service mobile (MSC) est l'élément central du NSS. Il gère grâceaux informations reçues par la HLR et la VLR, la mise en route (routing) et la gestion du codage de tous les appels directs et en provenance de différents types de réseau. Il développe aussi la fonctionnalité du Gateway face aux autres composants du système et la gestion des processus de handover. Il assure la commutation des appels en cours entre des BSCs différents ou vers un autre MSC.

D'autres fonctions fondamentales du MSC sont décrites ci-après:

❖ L'authentification de l'appelant : l'identification de la MS à l'origine de l'appel est nécessaire pour déterminer si l'utilisateur est en droit de bénéficier du service,

❖ La discrétion quant à l'identité de l'utilisateur, pour pouvoir garantir la réserve sur son identité sur le canal radio. Même si toutes les informations sont cryptographiées, le système se garde toujours de transmettre l'IMSI attribué lors de la signature du contrat par l'usager, par contre l'on attribue le Temporary Mobile Subscriber Identity (TMSI) au moment de l'appel car il ne présente qu'une utilité temporaire.

❖ Le processus de handover : Il a lieu, quand un utilisateur, sur le réseau GSM, franchit les limites de la cellule dans laquelle il se trouve. Il peut se présenter dans deux cas:

    ❖ La MS se déplace dans une cellule contrôlée toujours par le même MSC, dans ce cas le processus de handover est géré par le même MSC,

    ❖ La nouvelle cellule dans laquelle la MS évolue, est sous le contrôle d'un autre MSC.

Dans le cas présent le processus de handover est effectué par deux MSC sur la base des relevés du signal effectué par les BTSs récepteurs de la MS.

### 3.1.4 La HLR (Home Location Register) :

Lorsqu'un utilisateur souscrit à un nouvel abonnement au réseau GSM, toutes les informations qui concernent son identification sont mémorisées sur la HLR. Elle a pour mission celle de communiquer au VLR, dont on parlera après, quelques données relatives aux abonnés, à partir du moment où ces derniers se déplacent d'une LA à une autre.

La HLR contient toutes les données relatives aux abonnés et ses informations sont les suivantes :

➤ L'International Mobile Subscriber Identity (IMSI), information qui identifie exclusivement l'abonné à l'intérieur de tout réseau GSM et qui se trouve aussi bien dans la carte SIM,

➤ Le Mobile Station ISDN Number (MSISDN),

➤ Tous les services auxquels l'abonné a souscrit et auxquels il est capable d'accéder (voix, service de donnés, SMS, éventuels verrouillages des appels internationaux, et d'autres services complémentaires),

➤ La position courante de la station mobile MS, autrement dit l'adresse de la VLR sur lequel elle a été enregistrée.

### 3.1.5  La VLR (Visitor Location Register) :

La base de données VLR est une base de données qui mémorise de façon temporaire les données concernant tous les abonnés qui appartiennent à la surface géographique qu'elle contrôle. Ces données sont réclamées au HLR auquel l'abonné appartient. Généralement pour simplifier les données réclamées et ainsi la structure du système, les constructeurs installent la VLR et le MSC côte à côte, de telle sorte que la surface géographique contrôlée par le MSC et celle contrôlée par la VLR correspondent.

Plus précisément il contient les informations suivantes:

> Temporary Mobile Subscriber Identity (TMSI) : il est employé comme garant de la sécurité du IMSI et il est attribué à chaque changement de LA,

> La condition de la MS (en veille, occupée, éteinte),

> L'état des services complémentaires,

> Les types de services auxquels l'abonné a souscrit et auxquels il a droit d'accès (voix, service de données, SMS, d'autres services auxiliaires),

> La Location Area Identity (LAI), qui comprend la MS, faisant partie du groupe contrôlé par le MSC/VLR.

### 3.1.6  L'OMC (Operating and Maintenance Center) :

Le système d'exploitation et de maintenance OMC se connecte aux MSC et BSC à travers le réseau X25, et il possède les fonctions suivantes:

> L'accès à distance à tous les éléments qui composent le réseau GSM (BSS, MSC, VLR, HLR…),

> La gestion des alertes et de l'état du système avec la possibilité d'effectuer différentes sortes de test permettant l'analyse des prestations et la surveillance de la qualité de fonctionnement de ce dernier,

> Le stockage de toutes les données relatives au trafic des abonnés, nécessaires à la facturation,

> La supervision du flux du trafic dans les centrales et l'introduction des changements éventuels dans le même flux,

> La visualisation de la configuration du réseau avec la possibilité d'effectuer des changements à partir d'endroits éloignés,

> La gestion des abonnés et la possibilité de localiser leur position à l'intérieur de l'aire de couverture.

Dans des systèmes très importants, peuvent exister plusieurs OMC. Dans ce cas on prévoit la mise en place d'un OMC général d'où l'on peut contrôler la totalité d'opérations (OMCN) et d'autres OMC qui se bornent à effectuer le contrôle de quelques zones (OMCR) seulement.

## 3.2 Les interfaces du réseau GSM :

Les différents éléments du réseau GSM assurent des fonctions complémentaires et chacun obéit à des normes spécifiques. En effet chaque lien entre deux équipements adjacent forme une interface. Les interfaces sont des composantes importantes du réseau GSM car elles assurent le dialogue entre les équipements et permettent leurs inter-fonctionnements. Ces interfaces sont :

✓ L'interface radio " Um " est localisée entre la station mobile et la station de base (MS /BTS). C'est l'interface la plus importante du réseau.

✓ L'interface " A -bis " relie une station de base à son contrôleur (BTS /BSC),

✓ L'interface "A-ter" qui relie le BSC par le transcodeur, dans le cas où ce dernier ne se trouve pas intégré dans le BSC (BSC / TRAU),

✓ L'interface " A "se situe entre un contrôleur et un commutateur (BSC/MSC),

✓ L'interface " X.25 " relie un contrôleur au centre d'exploitation (BSC / OMC),

✓ L'interface entre le commutateur et le réseau public (MSC/RTC/RNIS) est définie par le protocole de signalisation n°7 du CCITT.

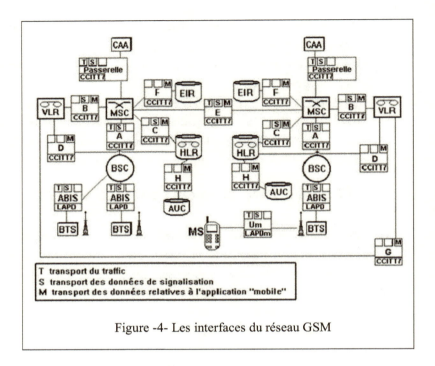

Figure -4- Les interfaces du réseau GSM

## 4) Impact de GPRS sur GSM :

Afin d'intégrer GPRS (General Packet Radio Service) dans une architecture GSM existante, un nouveau type de nœud appelé GSN (GPRS Support Node). Les GSNs sont responsables de la livraison et du routage des paquets de données entre la station mobile (MS, mobile station) et des réseaux de données externes (PDN, Packet Data Network).

En réutilisant l'infrastructure GSM, le coût d'introduction de GPRS dans le réseau GSM est principalement relatif à l'extension logicielle des entités GSM. Les principaux matériels rajoutés à l'architecture GSM existante sont l'intégration d'une carte PCU (Packet Control Unit) dans l'entité BSC, la fourniture de nouveaux terminaux GPRS aux usagers, l'introduction des nœuds de commutation de paquets GPRS, à savoir SGSN et GGSN, la mise en place d'un Charging Gateway pour la taxation GPRS et d'OMC-G (Operations and Maintenance Centre - GPRS) pour l'exploitation des équipements de réseau GPRS.

## Conclusion :

L'arrivé du GPRS est une vraie révolution dans l'architecture des réseaux des opérateurs mobiles. A la croisée de la mobilité et de l'Internet, il apporte un certain nombre d'innovations majeures dans le cœur du réseau de l'opérateur mobile mais aussi dans les terminaux. Le GPRS à la différence de la 3G (l'UMTS) est souvent présenté comme la « 2,5 G ». Cette demi-génération d'écart avec le GSM n'empêche cependant pas des évolutions importantes entre les deux réseaux.

# Chapitre 3 :

# Optimisation du Réseau GSM/GPRS et dimensionnement des artères MPLS

# Optimisation du Réseau GSM/GPRS et dimensionnement des artères MPLS

## Introduction :

L'intérêt global d'un opérateur du réseau cellulaire est d'offrir aux utilisateurs du réseau un niveau optimal de qualité de service. Pour ce faire, il est indispensable de faire recours aux deux facettes indissociables de la gestion de réseaux : suivi de la qualité et optimisation des réseaux.

Dans ce cadre, il nous faut acquérir une compréhension des notions fondamentaux de QoS dans les réseaux GSM/GPRS et une vue sur les techniques d'optimisation employés : après un rappel sur les concepts et normes de la QoS dans les réseaux GSM/GPRS, elle aborde les méthodes de mesures, de suivi ainsi que les tableaux de bord utilisés et fait appel aux différentes actions d'organisation pour assurer l'optimisation de la QoS, ainsi que l'analyse d'interférences dans les réseaux radio GSM est depuis toujours un élément important de l'optimisation réseau. Afin d'obtenir des résultats tangibles, il fallait dans le passé déployer des moyens relativement importants et souvent, beaucoup d'opérateurs réseau n'examinaient de manière approfondie que des régions particulièrement critiques.

Donc, dans cette optique on a recouru à appliquer des moyens techniques qui nous permettent la bonne résolution de ces problèmes telle que le dimensionnement des artères du backbone IP/MPLS et la manipulation des différents composants du réseau GSM/GPRS, d'où on va expliquer dans ce chapitre comment gérer notre réseau pour optimiser la QoS.

## 1) Principe du processus de dimensionnement :

Le dimensionnement est une opération qui consiste à adapter un service de télécommunications aux besoins particuliers d'un ensemble d'abonnés situés dans un emplacement géographique limité, appelé zone de trafic.

Le dimensionnement des réseaux est une tâche à moyen terme. Elle permet au planificateur du réseau de dimensionner les capacités des liens et des nœuds existants. Dans le cas de notre réseau étudié, ce processus a pour objectifs :

→Dimensionnement des artères du backbone IP/MPLS.

→Améliorer les performances du réseau GSM/GPRS.

Etant donné sa spécificité à des zones géographiques déterminées, le déroulement du processus de dimensionnement nécessite un bon nombre de paramètres d'entrée et de paramètres de sortie.

## 2) Dimensionnement du réseau d'accès (services voix & data):

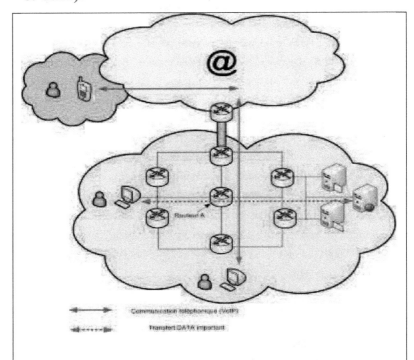

Figure-1- : architecture du réseau offrant les services voix & data

## 2.1 Capacité des liens :

Pour les liens qui vont supporter le trafic data et le trafic voix, la capacité du lien doit être capable de supporter les deux trafics en même temps. La capacité totale doit être égale à la somme des deux capacités. Cette capacité a été répartie suivant des coefficients entre le trafic temps réel (voix) et le trafic élastique. Pour le trafic data, on n'a pas besoin de calculer le débit de la signalisation pour connaître la capacité des liens. On fait le débit définit dans le contrat et que l'opérateur doit garantir tient compte de la signalisation.

On peut tenir compte de l'évolution du réseau. Pour cela, on peut ajouter un certain pourcentage à la capacité du réseau.

## 2.2 Modèle de trafic :

On considère que la loi du trafic voix obéit à un processus de poisson. La probabilité d'observer alors k arrivées pendant un intervalle de temps t est donnée par :

$$P_k(t) = \frac{(\lambda t)^k}{k!} e^{-\lambda t}$$

: étant le taux d'arrivée.

On parle alors d'arrivées poissoniennes La propriété la plus importante du processus de Poisson, peut s'interpréter de la façon suivante :

une arrivée poissonienne signifie que la probabilité pour qu'un client arrive pendant $dt$ est à peu près égale $dt$.

La deuxième propriété essentielle du processus de Poisson relie le processus d'arrivée poissonien aux variables aléatoires mesurant le temps d'inter-arrivée (exponentielles).

Cette propriété s'interprète de la façon suivante : des arrivées poissoniennes signifient que les inter-arrivées sont de type exponentiel.

Les lois d'Erlang qui sont utilisées pour le dimensionnement des réseaux offrant le service de la voix, se basent sur l'hypothèse que les services sont exponentiels et les arrivées sont de type poissoniennes.

## 2.3 Lois d'Erlang :

Le choix des lois d'Erlang dans plusieurs projets est justifié par le fait qu'elles donnent généralement des résultats raisonnables.

Les formules sont utilisées dans les conditions suivantes :

- le nombre de clients est supérieur au nombre de ressources disponibles pour les servir.

- les demandes des clients sont indépendantes les unes des autres.

Dans les réseaux téléphoniques classiques, la loi la plus utilisée est celle d'Erlang B. Pour la voix sur IP, les opérateurs conservent toujours cette formule dans leur procédure de dimensionnement du réseau d'accès. La loi d'Erlang B permet de calculer la probabilité qu'une demande de ressource sera rejetée à raison de ressources non disponibles. La probabilité de blocage sera alors égale à :

$$p_n = \frac{\dfrac{A^n}{n!}}{\displaystyle\sum_0^n \frac{A^i}{i!}} = E_1(A, n)$$

Où :

> n : le nombre de ressources disponibles

> A : le trafic offert

> $P_n$ : la probabilité que les n ressources soient occupés

> E1 : la première formule d'Erlang qui est fonction de A et n

# 3) Débit d'accès :

Pour chaque site, on peut calculer le débit d'accès en suivant les étapes suivantes :
- Calculer le débit par appel
- Calculer le nombre de circuits

### 3.1 Débit par appel :

Le débit d'accès peut être calculé en tenant compte des éléments suivant :

→Les codecs audio utilisés au niveau de la couche application

→ Les différentes encapsulations aux niveaux des différentes couches (transport, réseau).

→ Les protocoles au niveau de la couche liaison.

### 3.2 Calcul du nombre de circuits :

L'algorithme de la formule d'Erlang inverse permet de déterminer le nombre de circuits à mettre en œuvre pour supporter un trafic donné avec une probabilité de blocage fixe :

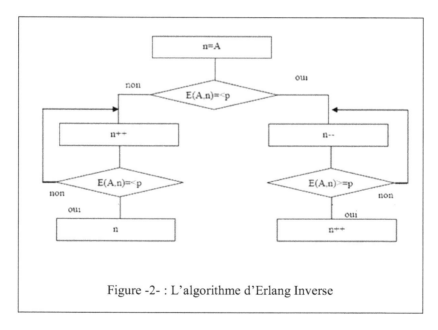

Figure -2- : L'algorithme d'Erlang Inverse

A : trafic offert

n : nombre de circuit

E : formule d'Erlang

p: probabilité de blocage fixé par l'opérateur

### 3.3  Calcul de la bande passante :

On peut calculer la bande passante nécessaire à partir du nombre de circuits et le débit par appel.

*Bande passante = Débit par appel * Nombre Circuit*

La même méthodologie sera appliquée pour les autres sites.

### 3.4 Calcul de la Capacité des liens individuels :

Dans ce cas, on doit tenir compte des différents trafics acheminés entre les différents sites. On suppose pour cela qu'il existe des trafics entre les différents sites. Au pire des cas, chaque lien doit être dimensionné de telle façon qu'il supporte la totalité du trafic qui le traverse.

$$C_{kv} = \sum_{i=1}^{n-1} \sum_{j=i+1}^{n} \alpha_{ijv} T_{ijv}$$

$C_{kv}$ : la capacité du lien individuel pour le trafic voix ;

$T_{ijv}$ : le trafic entre les sites i et j ;

$$T_{ijv} = T_{i \rightarrow j} + T_{j \rightarrow i}$$

$\alpha_{ijv}$ : un coefficient de pondération attribué au chemin supportant le trafic voix entre le site i et le site j ;

Etant donné qu'il existe plusieurs chemins entre deux nœuds i et j et étant donné que le plus court chemin doit supporter la totalité du trafic, les autres chemins doivent partager le trafic entre eux selon des coefficients de pondération.

# 4) Planification du réseau GSM :

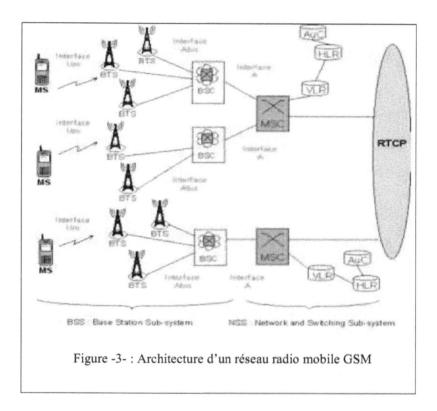

Figure -3- : Architecture d'un réseau radio mobile GSM

## 4.1 Etude théorique des ressources radio mobile :

### 4.1.1 Contrôle des ressources radio dans les réseaux d'accès avec une couverture distribuée :

Afin de répondre à la croissance actuelle des abonnés et d'offrir des services multimédias à haut débit avec une couverture convenable, les opérateurs doivent optimiser l'utilisation de ressources radio dont ils disposent. Pour servir les zones à forte densité de trafic, on densifie le réseau d'accès en ajoutant de nouveaux sites parmi les sites existants. Une méthode dite de cell splitting a été introduite pour augmenter la capacité de réseaux comme le GSM. Dans cette solution une macro-cellule est remplacée par plusieurs micro-cellules qui sont gérées par le même BSC. Sur ce BSC les mêmes procédures que celles utilisées en couverture macro-cellulaire sont considérées (allocation fixe de canaux, handovers, etc.). Ainsi les sites supplémentaires augmentent la charge de signalisation sur le BSC. Cet inconvénient est résolu par l'introduction d'un système bunch. Dans une telle architecture bunch, une BTS (Base Transceiver Station) classique est remplacée par un " bouquet " de plusieurs pico-BTS synchrones qui forment ce qui est appelé " BTS distribuée ". La couverture multi-site à l'intérieur d'une cellule améliore la qualité de la couverture. Dans les environnements à haute densité de trafic l'augmentation de la capacité (en Erlang/km²/MHz) apportée par un réseau d'accès en bunch est évaluée dans un contexte GSM. Les résultats montrent que des BTS distribuées fournissent un gain significatif en Erlang/km²/MHz par rapport à une couverture conventionnelle.

## 4.2 Etude pratique d'optimisation du réseau GSM :

Dans la pratique, le déploiement d'un réseau GSM nécessite l'optimisation du placement des sites, sous les deux contraintes de type radio et trafic. Il s'agit de tester, en fonction du type d'antenne, de sa puissance d'émission et de son orientation, la zone couverte par l'émetteur, le débit entre les différents composants du réseau ainsi que leurs capacités.

Une approche permet progressivement d'optimiser le réseau vers une bonne configuration.

Le principe est d'appliquer une des solutions convenables pour chaque problème d'une région ayant une surcharge et qui sont les suivants :

- répartir les émetteurs sur le terrain.

- établir les zones de couverture, et les adapter en déplaçant les sites, en modifiant les puissances d'émission, en choisissant les orientations.

- Ajouter un nombre de TRX qui ne dépasse pas 16 pour chaque BTS pour gérer plus de communication.

- Mettre une carte transcodeur entre le MSC et le BSC ayant une surcharge de nombre d'utilisateurs.
- Augmenter le débit de la liaison entre le BSC et le MSC de 3 Mbits/s à 4 Mbits/s.
- Ajouter si nécessaire un autre lien entre le MSC qui a une surcharge et son MSC adjacent pour gérer plus de trafics.
- Faire un ré-parentage aussi si nécessaire d'un BSC qui appartient à un MSC ayant moins de BSC pour équilibrer le trafic entre MSCs.
- Une fois la couverture assurée, il faut rechercher une répartition des fréquences en analysant les sites qui sont voisins.
- Dans le cas où la planification n'arrive pas à converger, il faut alors densifier le réseau : soit rajouter des sites, soit remplacer des émetteurs omnidirectionnels par des émetteurs tri-sectoriels.

Notons qu'en cours d'exploitation, l'augmentation du nombre d'abonnés impose à l'opérateur de faire évoluer son réseau, en tenant compte de l'évolution probable du nombre d'abonnés et des taux d'appel.

## Conclusion :

Après avoir analyser le processus générale de dimensionnement du réseau IP/MPLS ainsi que l'optimisation du réseau mobile décrit dans les cas d'études pratique et théorique, ces derniers feront l'objet de développement de l'outils d'aide qui va faire l'optimisation du réseau GSM/GPRS basé sur le backbone IP/MPLS et qui va servir à l'administrateur du réseau de bien gérer les ressources radio ainsi que la distribution de charge entre les différents sites .

# Chapitre 4 :

## Développement d'un outil d'aide au dimensionnement du backbone IP/MPLS et d'optimisation du réseau GSM/GPRS

# *Développement d'un outil d'aide au dimensionnement du backbone IP/MPLS et d'optimisation du réseau GSM/GPRS*

## Introduction :

Dans le chapitre précédent, nous avons présenté la méthode utilisée pour le dimensionnement et l'optimisation des réseaux. Nous nous sommes intéressés particulièrement au dimensionnement des capacités des sites situés au cœur du réseau GSM/GPRS.

Dans le cadre de professionnalisme et la continuité de travail, nous avons étudié un projet qui a été réalisé au sein de l'ISI et qui s'intéresse à dimensionner le backbone IP/MPLS via un outil d'aide. On a ajouté à cet outil deux modules qui supervisent et réparent l'état du fonctionnement entre MSCs et BSCs comme première module et entre BSCs et BTSs comme deuxième module dans le but d'intégrer notre méthode d'optimisation du réseau GSM/GPRS basé sur le backbone IP/MPLS, d'où dans ce chapitre, on se propose d'élaborer notre outil logiciel complète de dimensionnement de ces capacités ainsi la distribution de charge entre ces différents composants et la proposition des solutions afin de l'optimiser. La présentation de différentes fonctionnalités de l'outil sera faite à travers la description de ses interfaces.

## 1) L'environnement de développement :

L'environnement de développement choisi pour réaliser ce travail est le VB.NET. Son principal intérêt est son approche objet. **Visual Basic .Net** est un langage de programmation propriétaire Microsoft permettant de développer des applications pour Windows. Son nom provient des similitudes de ce langage avec le langage Basic auquel il apporte un environnement de développement visuel. Ce langage est le plus répandu dans l'industrie car il offre l'avantage de développer des applications "assez rapidement" et d'intégrer des modules externes. Le VB.NET intègre l'environnement de développement IDE (Integrated Developement Environment) environnement autonome qui permet de créer, de compiler et de tester des programmes Windows.

# 2) Conception et modélisation de la solution proposée :

La conception est l'étape importante d'un projet informatique, puisqu'elle est un processus qui consiste à définir les fonctions des composants d'un système et leurs relations fonctionnelles. Ce chapitre présente nos choix conceptuels, décrit les différents attributs et méthodes de l'application et explique le rôle de chaque composant.

## 2.1    Dictionnaire de Données :

Cette étape consiste à représenter les données d'entrée et de sortie, les définir et les typer comme l'indique le tableau :

| Attribut | Description |
| --- | --- |
| Login | NOT NULL VARCHAR (10) |
| Password | NOT NULL VARCHAR (10) |
| numéro_bsc | NOT NULL NUMBER (4) |
| nombre_bts | NOT NULL INTEGER |
| numero_msc | NOT NULL NUMBER (4) |
| sous_region_bsc | NOT NULL VARCHAR (15) |
| nombre_lien | NOT NULL INTEGER |
| lien MSC_BSC | VARCHAR (30) |
| numero_bts | NOT NULL NUMBER (4) |
| nom_sous_région | NOT NULL VARCHAR (15) |
| lien MSC_MSC | VARCHAR (15) |
| nombre_trx | NOT NULL INTEGER |
| nombre_user_max | NOT NULL NUMBER (4) |
| Capacité | NOT NULL NUMBER (2) |
| numero_lien | NOT NULL NUMBER (4) |
| type_lien | NOT NULL VARCHAR (10) |
| capacité_lien | NOT NULL NUMBER (2) |
| nombre_bsc | NOT NULL INTEGER |
| nombre_liens | NOT NULL INTEGER |
| msc_adjacent1 | NOT NULL VARCHAR (10) |
| msc_adjacent2 | NOT NULL VARCHAR (10) |

| id_région | NOT NULL NUMBER (4) |
|---|---|
| nom_région | NOT NULL VARCHAR (15) |
| id_sous_région | NOT NULL NUMBER (3) |

## 2.2 Modèle relationnel :

**Administrateur** (Login,Password)

**BSC** (num_bsc, nbr_bts, numero_msc, sous_region_bsc, nombre_lien, lien1 MSC_BSC, lien2, lien3, nbrusermax)

**BTS** (numero_bts, numero_bsc, numéro_msc, sous_region_bsc, nombre_trx, region_msc, nombre_user_max, capacité)

**Lien** (num_lien, type_lien, capacité_lien, site1, site2)

**MSC** (num_msc, nbr_bsc, region_msc, nombre_liens, lien1, lien2, msc_adjacent1, msc_adjacent2)

**Région** (id_région, nom_région, nbr_bsc, nbr_bts, numero_msc)

**Sous-Région** (id_sous_région, nom_sous_région, numéro_bsc, numéro_msc, nombre_bts, région)

## 2.3 Modèle entité/Association :

Ce modèle présente les différentes classes et les relations entre elles. Ce modèle nous facilite le travail, la création de la base des données, la réalisation des interfaces et le projet en générale.

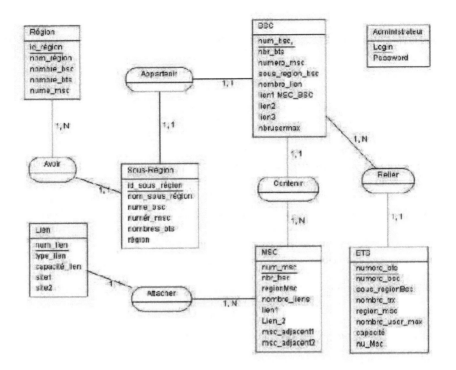

## 3) Description de l'outil :

Cette partie est consacrée à la description fonctionnelle de l'outil. Cet outil est nommé « Outil d'aide et d'optimisation ». Comme il a été déjà mentionné, son rôle est de présenter des interfaces conviviales qui affichent en temps réel l'état du réseau dans une région choisie pour gérer un nombre d'utilisateurs du réseau GSM de Tunisie Telecom comme paramètre d'entré ainsi qu'une deuxième partie consacré pour l'aide au dimensionnement des artères d'un backbone MPLS.

La première interface de notre outil présente l'authentification de l'administrateur par un Login et un Mot de Passe et le choix de l'orientation vers l'ancien outil de dimensionnement des artères du backbone MPLS ou notre application GSM.

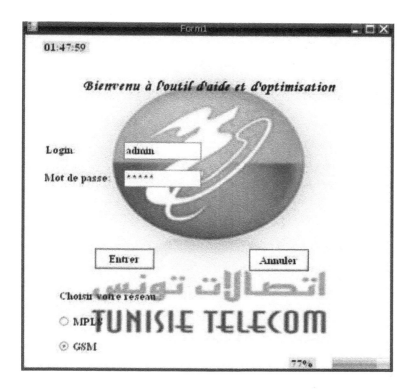

On va s'orienter vers le réseau GSM pour expliquer le fonctionnement de notre outil
via ces deux scénarios :

### 3.1) Scénario 1 :

Nous avons subdivisé notre réseau GSM en un ensemble de régions qui sont-elles
même composées en sous-régions pour spécifier plus la zone de couverture.
Supposant que dans ce scénario l'administrateur va saisir un nombre d'utilisateurs qui
ne dépasse pas le nombre maximal des utilisateurs attribué à la région qui a
sélectionné.

Après avoir sélectionné la région et le nombre des abonnés on va se déplacer avec 'Valider' vers l'interface « information MSC » pour représenter les sous-régions appartenant à cette région ainsi que les détails de chaque sous-région.

Lors de la sélection de la sous-région, une interface qui apparaît pour détailler les informations du BSC choisi dans cette sous-région par l'affichage de leurs BTSs selon son choix.

A ce stade on va découvrir s'il y a des contraintes qui suivent les choix de l'administrateur par une courbe qui représente le nombre des communications en temps réel. La courbe va nous indiquer une variation en nombre de communications qui ne va pas dépasser le nombre saisi par l'administrateur car il n'a pas dépassé le nombre maximal des utilisateurs attribué à cette sous-région, d'où la courbe va avoir une couleur verte qui explique le bon fonctionnement du réseau GSM pour cette sous-région, Ainsi que les informations détaillés de ses BTSs.

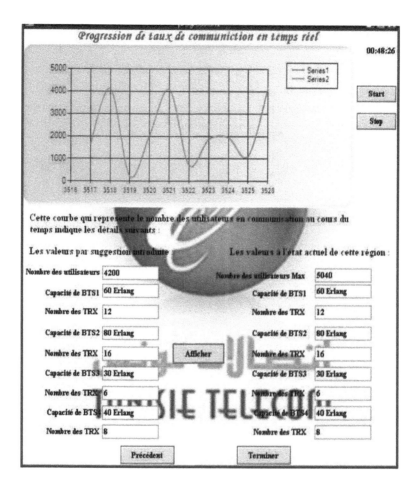

Dans ce scénario on n'a pas des contraintes car il n'y a pas de surcharge sur le réseau d'où on n'aura pas des solutions.

C'est pour cette raison on va refaire les même étapes mais dans le scénario suivant on va augmenter le nombre des utilisateurs qui va le saisir l'administrateur pour visualiser les contraintes et leurs solutions proposées.

## 3.2) Scénario 2 :

Si l'administrateur a choisi une région et a saisi un nombre des utilisateurs supérieurs au nombre maximale enregistré dans notre base des données pour une telle sous-région, à travers la même interface qui contient le graphe, on va visualiser une autre courbe qui va avoir une couleur rouge pour indique que le nombre des utilisateurs a dépassé la valeur maximale, et dans l'axe des Y, l'administrateur va découvrir cette valeur maximale pour sa sous-région choisi.

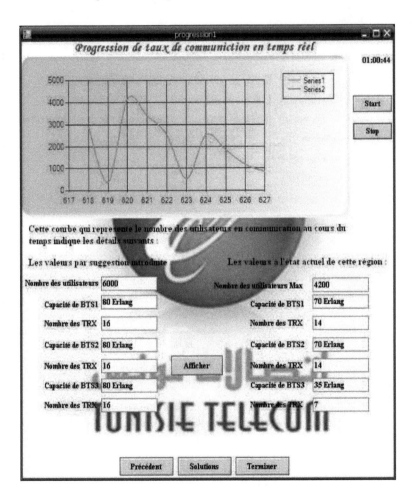

Pour résoudre ce problème une liste des solutions va s'afficher par le bouton 'solutions' qui va lui aider à optimiser le réseau GSM pour le bon fonctionnement.

Une fois la liste des solutions est affichée, l'administrateur peut imprimer cette interface à travers le bouton 'Imprimer', d'où le résultat finale :

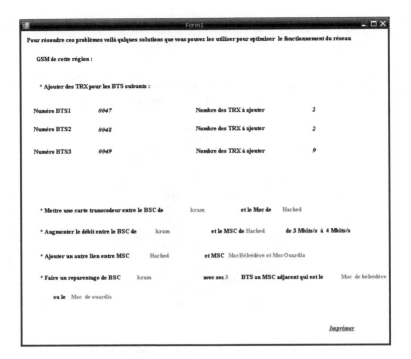

## Conclusion :

Dans ce chapitre, on a présenté les fonctionnalités de base de l'outil développé. Ce qu'on peut remarquer c'est que la procédure de varier le nombre des utilisateurs dans une zone de couverture GSM n'est pas une opération assez simple et il faut avoir des ressources suffisants pour satisfaire la qualité de service et la stabiliser. En effet l'opérateur de Tunisie Telecom doit remédier le problème de surcharge surtout lors de la croissance du taux de communication dans les jours des fêtes. On a essayé de simplifier quelques détails et trouver des solutions pour diminuer les contraintes.

# Conclusion Générale

Notre projet de fin d'études a porté sur l'étude, le développement d'un outil d'aide au dimensionnement d'un réseau IP/MPLS et d'optimisation du réseau GSM/GPRS.

Dans la première partie, nous avons exposé l'état de l'art de la technologie MPLS basé sur la commutation des labels insérés au niveau de la couche 2. Cette technologie est partie d'une idée simple, l'acheminement des paquets par commutation de labels, pour aboutir foisonnement de technologies dérivées : Ingénierie de trafic, réseaux virtuels privé et qualité de service.

En conclusion, on peut dire, que la technologie MPLS avec ses différentes applications, associé à des mécanismes de qualité de service offre aux opérateurs une alternative intéressante pour répondre aux besoins de plus en plus exigeants.

Dans la deuxième partie, nous avons étudié le réseau GSM/GPRS en détaillant les différents composants de l'architecture GSM ainsi que les fonctionnalités de GPRS, en effet GPRS a apporté des innovations majeures dans le cœur du réseau de l'opérateur mobile pour évoluer d'un écart de demi-génération après la deuxième génération de GSM.

Dans la partie suivante on a présenté les solutions techniques théorique et pratique pour résoudre les problèmes de surcharge sur les ressources radio mobile et le principe de dimensionnement des artères du backbone IP/MPLS, qui feront l'objet de développé un outil d'aide au dimensionnement du backbone MPLS et d'optimisation du réseau GSM/GPRS.

Enfin on a simplifié la tache de l'administrateur du réseau mobile lors de l'accroissement des nombres des abonnés, ceci à travers notre outil qui lui permet de superviser l'état du réseau dans n'importe quelle région et de suggérer des solutions pratiques pour diminuer les surcharges et garantir une bonne qualité de service mobile de Tunisie Telecom.

# Bibliographie & Webographie

E.Rosen, A. Viswanathan, R. Callon « Multiprotocol Label Switching Architecture (RFC 3031) » http://www.ietf.org/rfc/rfc3031.txt

B. Fortz et M. Thorup. Internet Traffic Ingineering by Optimizing OSPF Weights. In INFOCOM (2), pages 519-528, 2000.

Philipe CLEMENCEAU, Yorick DOUSSAU : Multiprotocol Label Switching

Ivan Pepelnjak et Jim Guichard, « Architecture MPLS et VPN », Copyright 2001

Rfc 2547 .

Cisco System, MPLST « Implementing Cisco MPLS Traffic Engineering and Other Features », guide de formation Cisco.

Mounir Frikha, « Dimensionnement et planification de réseaux », Supcom, 2004/2005

B. Baynat « Théori des files d'attente », HERMES Sciences, 2000

Ahmed Chaalali, « Développement d'un outil d'aide au dimensionnement d'un backbone IP/MPLS pour le réseau NGN » , ISI, 2008/2009.